민족의 설움을 달래 준 영화인

나운규

글 홍두표

차 례

영화에 민족혼을 담은 예술가   6

신파극에 빠진 아이   8

아이들의 연극 모임 '회청동우회'   10

새로운 삶을 위하여   12

새장을 벗어나 만주로   14

작은 독립운동가   16

새로운 희망   18

연습생으로 첫 출발   20

꿈을 그리는 영화	22
단숨에 꽃피운 재능	24
최고의 명작 〈아리랑〉	26
중국과 연해주까지 퍼진 〈아리랑〉	28
민족의 한을 그리자	30
'나운규프로덕션'의 실패와 죽음	32
나운규의 고개	34
남겨진 이야기	36
나운규의 생애	38

영화에 민족혼을 담은 예술가

*요절 : 젊어서 일찍 죽는 것을 가리키는 말이에요.

서울종합촬영소
경기도 남양주시 조안면 삼봉리에 있는 서울종합촬영소는 영화를 찍는 데 필요한 여러 가지 시설을 갖추어 놓은 곳이에요.

많은 사람들이 영화가 무엇인지도 잘 모르던 시절, 우리나라 영화 역사에 큰 발자취를 남기고 *요절한 천재 영화인이 있었어요.

그는 영화에 민족의 한과 울분, 기쁨까지 담으려고 노력했던 예술가였어요.

영화 〈아리랑〉을 만든 그의 이름은 바로 춘사(春史) 나운규예요.

그는 36년을 사는 내내 일제에 대한 저항정신과 영화에 대한 열정으로 가득한 삶을 살았어요.

나운규는 자신의 꿈을 이루기 위해 어떤 역경도 두려워하지 않았으며 부족하고 어려운 환경에서도 좋은 영화를 만들기 위해 최선을 다했지요.

또한 나운규는 현재 가장 뛰어난 매체 가운데 하나로 손꼽히는 영화를 도입 초기부터 발전시키고 화려하게 꽃피운 예술인이기도 했어요.

많은 사람들이 나운규를 한국 영화의 아버지라고 부르는 이유도 바로 여기에 있지요.

나운규의 삶과 그의 영화는 많은 예술인들에게 모범으로 남아 지금까지도 감동을 전해 주고 있답니다.

서울종합촬영소의 영상지원관 입구에 있는 동상
나운규는 영화배우 겸 감독으로, 일제 강점기 시절 우리 민족에게 저항정신을 불러 일으키는 작품을 만들었던 한국 영화의 선구자예요.

신파극에 빠진 아이

어린 시절 나운규의 모습
나운규는 어릴 때부터 연극을 무척 좋아했어요.

일제에 대한 우리 민족의 저항정신을 그린 영화인 〈아리랑〉의 주인공 나운규는 1902년 함경북도 회령에서 태어났어요.

그의 아버지 나형권은 대한제국 시절 하급 군인인 *부교(副校)였지요.

나형권은 대한제국이 일본에 넘어가자 고향 회령으로 돌아와 약재상을 차렸어요.

나운규는 그의 셋째 아들이었지요.

나운규가 보통학교를 다닐 때의 일이었어요.

"아무래도 운규를 좀 야단쳐야겠어요."

나운규의 어머니가 한숨을 내쉬며 말하자 아버지가 말했어요.

"또 전쟁놀이를 한 모양이군."

"이번엔 전쟁놀이가 아니라 저녁까지 신파극 구경에 빠져 있지 뭐예요."

어머니의 걱정에 나운규의 아버지는 그저 웃기만 했어요.

"하루가 다르게 세상이 변하는 것을 어쩌겠소.

*부교 : 조선시대 무관 계급 중의 하나예요.

사실 나도 운규가 조무래기들을 모아놓고 신파극 놀이를 하는 걸 본 적이 있는데 꽤 재미있었다오."

어린 나운규는 가끔 회령 읍내에 들르는 신파극단의 연극이 그렇게 좋을 수가 없었어요.

그리고 한글 잡지와 이야기책을 보며 상상의 날개를 펴는 것도 무척 좋아했지요.

① 초등학교입학 (가운데)
② 소년시절　　　　③ 학창시절

춘사 나운규의 유년시절

아이들의 연극 모임 '회청동우회'

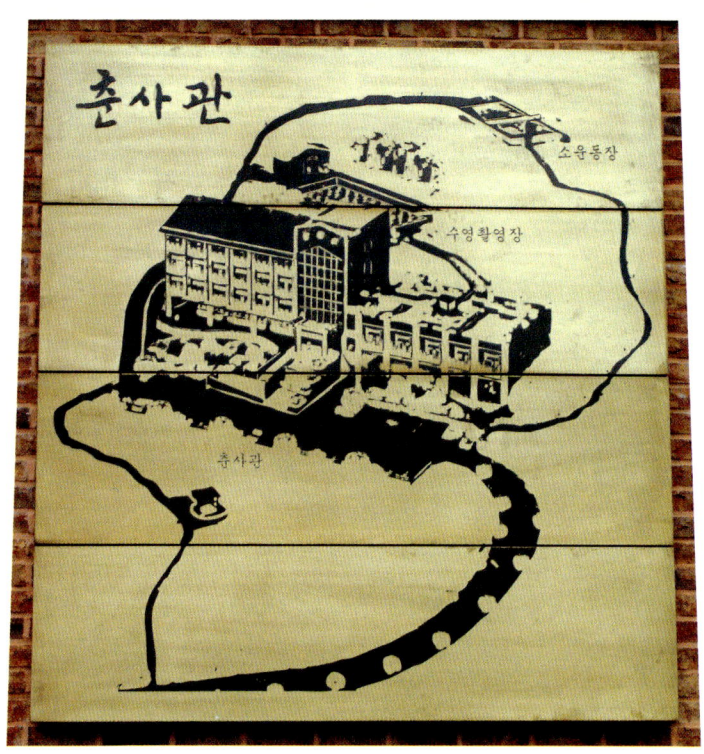

서울종합촬영소 춘사관 조감도

나운규가 주로 읽었던 책은 《아이들보이》와 같은 한글로 된 책이었어요.

이 책에는 연개소문, 을지문덕, 온달 장군 등의 한국 위인들의 이야기가 담겨 있었어요.

나운규는 이런 재미있는 이야기를 읽으면 결코 잊는 법이 없었어요.

나운규의 기억력과 창작력은 또래 아이들에 비해 몹시 뛰어나서 한 번 읽으면 그것을 고스란히 자기 것으로 소화해 다른 아이에게 더 재미있게 이야기해 줄 정도였지요.

나운규가 좋아한 것은 책뿐만이 아니었어요.

나운규는 연극을 보는 것도 무척 좋아해서 마을에 신파 극단이 찾아오면 모든 일을 제쳐 두고 연극만 보며 지냈어요. 그러다 보니 자연히 공부에 소홀할 수밖에 없었지요.

그런데 이상한 것은 학교 공부를 거의 하지 않는 나운규가 시험만 보면 언제나 우수한 점수를 받는다는 사실이었어요.

그런 결과를 얻을 수 있었던 것도 나운규의 뛰어난 기억력과 응용 능력 때문이었어요.

그렇게 책과 연극에 마음을 빼앗겨 지내던 나운규는 어느 날 아이들의 연극 모임인 '회청동우회'를 만들었어요.

"어린아이가 연극 모임을 만들다니, 그건 법으로 허락할 수가 없다!"

일본 경찰은 이 모임이 혹시 항일운동과 연관될까 봐 처음부터 방해를 하기 시작했어요. 하지만 나운규는 아랑곳 않고 아이들과 연극을 준비했지요.

물론 아이들이 큰 해를 입을까 걱정한 어른들 때문에 연극을 무대에 올리지는 못했지만 이 사건은 나운규에게 마음먹은 일을 실행에 옮기는 것이 얼마나 큰 기쁨인지 깨닫게 해 주었어요.

서울종합촬영소의 춘사관
나운규의 호인 춘사를 따서 지은 곳으로 영화인들의 휴식 공간이에요.

새로운 삶을 위하여

"아, 답답해. 뭔가 새로운 일이 없을까? 내가 죽을 때까지 보람을 느끼면서 빠져들 수 있는 그런 일이 꼭 있을 텐데……."

나운규의 머릿속은 항상 이런 희망과 꿈들로 가득했어요. 그런 나운규에게 회령 땅은 너무 좁고 답답하게 여겨졌어요.

그러던 어느 날, 늘 새로운 일을 찾아 헤매던 나운규에게도 이성에 대한 설레는 감정이 찾아왔어요.

바로 절친한 친구인 윤봉춘의 친척 윤마리아를 좋아하게 된 거예요.

나운규는 윤마리아와 함께 즐거운 시간을 보냈어요.

하지만 두 사람의 사랑은 이루어질 수 없었지요.

청년 시절의 나운규
연극을 무척 좋아했던 나운규는 배우가 되고 싶은 꿈을 이루기 위해 연기를 시작했어요.

당시의 결혼 관습은 집안에서 결정한 상대와 무조건 혼인을 해야 했기 때문에 본인의 감정은 그리 중요하게 생각되지 않았어요.

나운규는 집안에서 정해 준 사람과 결혼하기 싫었지만

어쩔 수 없었어요.

결국 부모님의 뜻에 따라 억지 결혼을 하게 된 나운규는 그 뒤부터 고향을 떠나야겠다고 더욱 굳게 다짐했어요.

영화의 꿈을 키우는 청년 나운규

새장을 벗어나 만주로

보통학교를 졸업 할 무렵 나운규는 한 가지 큰 결심을 했어요.

"이제 난 더 이상 한가롭게 책이나 뒤적이며 시간을 보내지 않을 거야.

저 넓은 만주로 가겠어! 일본 순사의 눈이 없는 그곳에서 자유롭게 내 앞길을 개척해야지."

학창 시절의 나운규
친구들과 함께 찍은 사진으로 왼쪽에서 두 번째가 나운규예요.

나운규와 윤봉춘
함경북도 정평에서 태어난 윤봉춘은 나운규와 함께 회령공립보통학교에 다니면서 절친한 친구가 되었어요.

만주는 나운규에게 희망을 이룰 수 있는 꿈의 세계였던 거예요.

1918년, 마침내 그는 만주로 떠났어요.

그리고 만주에 하나밖에 없는 고등 교육 기관인 명동중학에 입학을 했지요.

이 학교는 김약연 장로가 세운 곳으로 학생들에게 철저한 독립교육을 시키는 학교로 유명했어요.

심지어 체육시간에 군복을 입고 목총으로 군사 교육을 시킬 정도였지요.

나운규는 친구 윤봉춘과 함께 열심히 공부를 하며 투철한 독립정신도 함께 길렀어요.

작은 독립운동가

청년 시절의 나운규

나운규가 명동중학 2학년이던 1919년 3월이었어요.

그때까지 그는 만주와 회령을 자주 오가고 있었지요.

"이봐 운규, 자네 소식 들었는가? 서울에서 난리가 났다는군. 수만 명의 시민들이 한꺼번에 거리로 나와 '대한 독립 만세'를 불렀대. 일본 헌병들이 총을 쏴서 수백 명이 다쳤다는 소문도 있네."

순간 나운규의 가슴은 심하게 요동쳤어요.

"그게 정말이라면 우리도 가만히 있을 수 없지. 독립을 위해서라면 작은 힘이나마 보태야 하지 않겠어?"

나운규와 윤봉춘은 회령과 만주의 학생 대표가 되어 정보를 전해 주는 역할을 맡게 되었어요.

그들에게 주어진 첫 임무는 4월 1일 회령우체국 앞에 사람들을 모이게 하는 일이었지요.

하지만 두 사람의 비밀 활동은 곧 일본 경찰에게 탄로가

나고 말았어요.

결국 윤봉춘은 감옥에 갇히고, 나운규는 러시아로 몸을 피할 수밖에 없었지요.

하지만 나운규가 몸을 피한 러시아의 사정도 그리 좋은 것은 아니었어요. 나운규는 제대로 먹지도 자지도 못한 채 6개월간 이곳저곳을 떠돌아 다녔지요.

나운규는 다음 해인 1920년, 일본 경찰의 감시와 탄압이 조금 수그러들자 다시 만주로 돌아왔어요.

하지만 만세 운동으로 많은 주민들이 죽거나 흩어져 버린 뒤였고, 명동중학은 일본군이 불을 질러 잿더미만 남아 있었지요.

나운규는 절망했어요. 이제는 꿈도 희망도 키울 수 없는 상황이 되고 만 거예요.

친구 김용국과 함께
1923년 6월 감옥에서 나온 직후 나운규의 모습이에요. 왼쪽이 나운규, 오른쪽이 친구 김용국이에요.

새로운 희망

청년 시절의 나운규

하지만 나운규는 쉽게 포기하지 않았어요.

그는 중도에 그만 둔 학업을 마치기 위해 서울로 올라왔어요.

하지만 서울에는 더 큰 불행이 그를 기다리고 있었지요.

중동학교에 입학한 지 몇 달 되지 않아 일본 경찰이 그를 체포한 거예요.

"이봐, 나운규! 네가 회령에서 광복군의 심부름을 했다는 정보가 있어! 사실인가?"

"그렇습니다."

"감히 학생 따위가 독립운동을 하겠다고 나서?"

"내 나라의 독립을 위해 올바른 주장을 한 것이 왜 잘못된 일입니까?"

일본 경찰은 나운규의 또랑또랑한 대답에 할 말을 잃었어요.

하지만 일본 경찰은 그를 내버려 두지 않았지요.

무슨 이유를 대서라도 나운규를 감옥에 가두고 싶었던

일본 경찰은 1919년 이른바 도판부 사건으로 그를 체포했어요.

나운규가 회령과 다른 마을을 연결하는 일본 헌병대의 통신선을 끊는 계획에 참여했다는 이유였지요.

감옥에 갇힌 나운규는 혹독한 고문을 견뎌야 했어요.

손가락이 뒤틀리고 제대로 일어설 수조차 없이 매가 날아왔지만 나운규는 절대로 잘못을 빌거나 용서를 구하지 않았어요.

나운규는 고통과 울분을 참으면서 감옥에서 2년 정도를 버텼어요.

마침내 감옥을 나오면서 나운규는 마음속으로 굳게 다짐했지요.

"내게 남은 마지막 힘은 꼭 조선을 위해 쓰겠어!"

학창 시절의 나운규
학창 시절의 나운규는 비록 어린 나이였지만 나라의 독립을 위해 일을 한 당찬 소년이었어요. 오른쪽에 앉아 있는 소년이 나운규예요.

연습생으로 첫 출발

1923년 겨울, 나운규는 회령에 찾아온 '예림회'라는 연극단의 공연을 보았어요.

워낙 연극을 좋아하던 나운규는 무작정 '예림회'의 대표 안종화를 찾아가 부탁했지요.

"선생님, 저를 극단에 꼭 넣어 주십시오. 전 어렸을 때부터 연극을 동경해 왔습니다."

아무리 간곡히 부탁을 해도 안종화는 승낙을 하지 않았어요. 나운규의 작은 키와 검은 얼굴이 마음에 들지 않았던 거예요.

영화 〈사나이〉의 한 장면
1928년 '나운규프로덕션'이 제작한 영화 〈사나이〉는 채석장을 배경으로 벌어지는 이야기를 영화화한 작품으로 원작과 각색, 주연을 모두 나운규가 맡았어요.

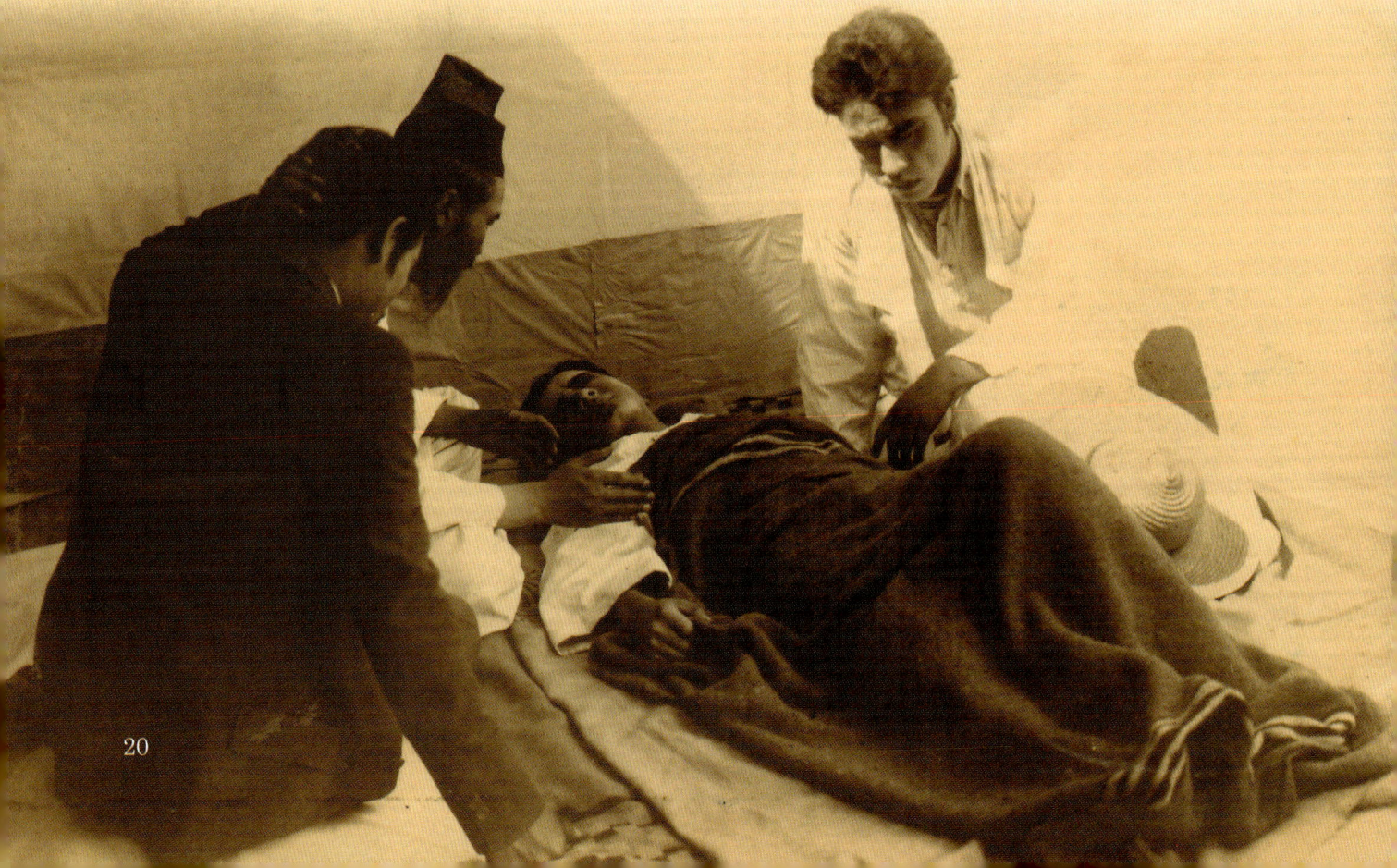

영화인들과 함께 찍은 사진
윗줄 왼쪽에서 첫 번째가 나운규예요.

하지만 나운규는 날마다 안종화를 따라다녔어요.

그의 고집을 이길 수 없었던 안종화는 마침내 그를 정식 배우가 아닌 연습생으로 받아 주었지요.

"나운규처럼 못생긴 배우는 처음이야."

"그러게 말이야. 어떻게 저런 얼굴로 배우가 되겠다는 거지?"

극단의 배우들은 하나같이 나운규의 구부정한 어깨와 작은 키, 그리고 엉성한 연기를 비웃었어요.

하지만 나운규는 사람들의 그런 말에 꿈쩍도 하지 않았어요.

배우가 되겠다는 마음만 진실하다면 외모는 그다지 중요한 것이 아니라고 생각했던 거예요.

꿈을 그리는 영화

1924년, 나운규는 놀라운 경험을 했어요.
바로 활동사진이라고 불리던 영화를 처음 본 것이지요.
영화를 처음 본 나운규는 그 매력에 흠뻑 빠져 들었어요.
그는 안종화의 도움으로 '조선키네마주식회사'라는 영화사에 연습생으로 들어갔어요.
이 영화사는 순전히 일본 상인들의 자본으로 세운 회사였지만 윤백남 같은 일류 감독과 주삼손, 이규설 등의 배우

영화 〈사나이〉의 한 장면
홍개명이 감독을 맡은 이 작품은 채석장에서 일하는 청년이 노동자를 괴롭히던 간부를 벌주고 그곳을 떠난다는 내용이에요.

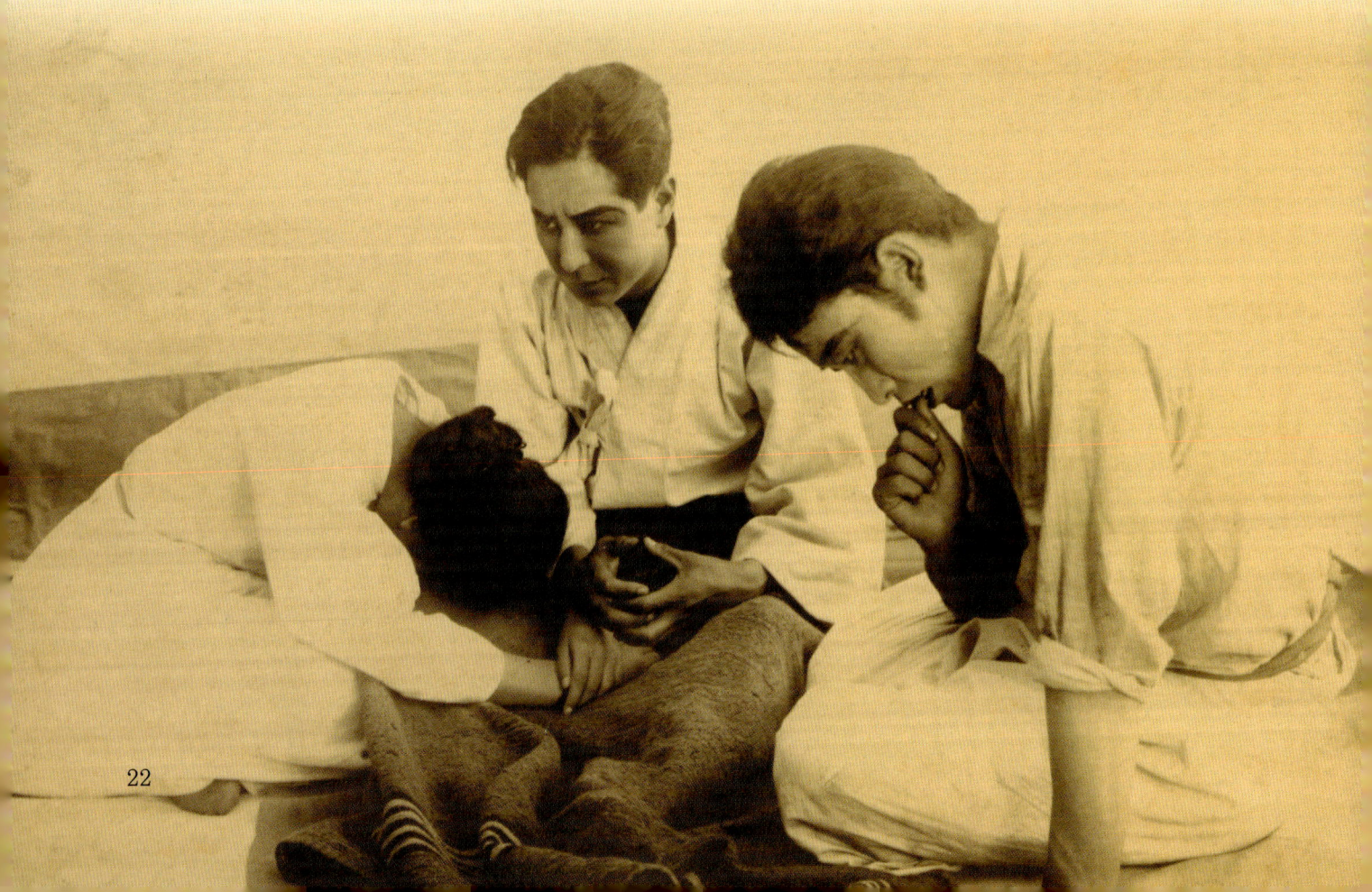

가 활동하는 곳으로 당시로서는 최고의 영화사였어요.

하지만 이곳에서도 감독이나 배우들은 그의 재능을 인정하지 않았어요.

당시 그의 연기는 정말 보잘것없어서 보는 사람이 오히려 어색할 지경이었거든요.

그래도 나운규는 그런 평가들에는 아랑곳하지 않았어요.

자신이 진정으로 원하던 일이 무엇인지 확실히 알게 되었으니까요.

나운규는 자신이 영화사의 연습생이 되었다는 사실이 너무 기뻐 친구에게 이런 편지도 썼어요.

"여기는 활동사진을 찍는 곳이란다. 친한 너에게마저 알리지 않고 이곳으로 뛰어든 것은 이곳이 내가 끝없이 도전하고 꿈을 펼칠 곳이기 때문이야. 난 오랫동안 헤매던 끝에 영화를 발견했어. 내가 그리던 이상이 지금부터 열리는 거야."

영화 〈금붕어〉에 출연한 나운규
나운규는 처음에는 아주 작은 역할로 연기를 시작했지만 꾸준히 노력하는 자세로 최고의 배우가 되었어요.

단숨에 꽃피운 재능

나운규가 출연한 첫 번째 영화는 윤백남 감독의 〈운영전〉이었어요.

이름 없는 연습생 나운규에게 맡겨진 역은 가마꾼 역이었지요. 당시의 영화는 화면만 있고 음성으로 하는 대사는 변사가 대신하는 방식이었어요.

이런 영화를 무성영화라고 하는데, 변사는 주로 주인공 역을 하는 배우들의 대사만 말했기 때문에 가마꾼 나운규

나운규가 직접 쓴 시나리오 대본
나운규는 배우이자 제작자이면서 감독까지 맡아서 열정적으로 영화를 만들었어요. 또한 각본을 쓰는 데도 남다른 재능을 보였지요.

영화 〈농중조〉의 한 장면
1926년 '조선키네마프로덕션'에서 제작한 작품으로 일본 영화를 우리 현실에 맞게 각색한 영화예요.

는 극 중에서 꿀 먹은 벙어리 신세일 수밖에 없었어요.

그러던 어느 날, 나운규에게 좋은 기회가 찾아왔어요.

〈농중조〉라는 영화에 출연하게 된 거예요. 그것도 어엿한 주인공으로 말이에요.

"운규, 자네에게 주인공을 맡기려 하네."

영화의 시나리오를 맡은 이규설은 나운규에게 그 소식을 전하며 영화의 시나리오도 써 보라고 권유했어요.

나운규는 깜짝 놀랐어요. 기회가 이렇게 빨리 올 줄 몰랐거든요.

영화 초년생이었던 나운규는 이제 배우와 시나리오, 각색까지 모두 할 수 있는 사람이 된 거예요.

"나운규는 영화를 위해 태어난 사람이야."

"저렇게 잘 해낼 줄은 정말 몰랐어."

사람들은 그의 뛰어난 재능에 칭찬을 아끼지 않았어요.

최고의 명작 〈아리랑〉

아리랑 악보
나운규는 우리나라의 대표적인 민요 〈아리랑〉을 영화로 제작했어요.

영화를 향한 나운규의 열정은 무섭게 불타오르기 시작했어요.

그는 배우, 각색, 연출 등 모든 분야를 한꺼번에 터득했지만 성공을 하면 할수록 무언가를 놓치고 있다는 허전함을 느꼈어요.

자신이 주인공을 맡은 〈농중조〉가 성공한 1925년 어느 날이었어요.

고향 친구에게 편지를 쓰던 나운규의 머릿속에 문득 어떤 노래가 떠올랐어요.

그 노래는 나운규가 청진과 회령을 잇는 철도 공사를 할 때 노동자들 곁에서 듣던 노래였지요.

그 노래는 조선의 민요 〈아리랑〉이었어요.

'그분들은 힘들 때마다 아리랑을 부르곤 했지. 아리랑은 우리 민족의 서글픔을 달래 주는 노래였어.

그래! 바로 이 노래를 영화로 만들면 관객들도 나라를 빼앗긴 슬픔을 잊을 수 있을 거야!'

그는 그날부터 빠른 속도로 대본을 마무리 지었어요.

"주인공 영진은 3·1운동에 가담했다는 죄로 고문을 받는다. 그래서 미친 사람이 되어 고향에 돌아온다.

마을 청년 오기호는 일본 순사 앞잡이가 되어 마을 사람들과 영진의 여동생 영희를 괴롭힌다.

어느 해 추수가 끝나고 마을에 풍년 잔치가 벌어졌을 때 오기호는 영희를 욕보이려 하고 이 광경을 영진이가 보고 만다. 분노에 찬 영진이는 오기호를 낫으로 죽인다.

그 사건의 충격으로 그는 제정신으로 돌아오지만 결국 고향과 가족, 마을 사람들을 뒤로 하고 아리랑 고개 너머로 끌려간다."

〈아리랑〉 대본을 완성한 순간, 나운규의 비어 있던 가슴은 기쁨과 감동으로 차올랐어요.

바로 이 작품이 우리나라 영화 역사상 최고의 작품으로 손꼽히는 〈아리랑〉이에요.

영화 〈아리랑〉의 촬영 배경이 되었던 아리랑 길의 테마공원
서울 성북구에서는 나운규의 영화 〈아리랑〉의 촬영지였던 이곳에 영화와 관련된 시설을 만들어 정신문화와 전통이 살아 있는 관광명소로 만들었어요.

중국과 연해주까지 퍼진 <아리랑>

영화 <아리랑>은 1926년 종로 단성사에서 상영됐어요.

극장 안은 이미 소문을 듣고 찾아 온 관객들로 넘쳐 났어요.

극장 밖에서는 그보다 더 많은 사람들이 줄을 서서 기다리고 있었지요.

관객들은 주인공 영진이 일본 순사에게 끌려 가는 영화의 마지막 장면을 보며 눈물을 흘렸어요.

영화 <아리랑> 기념사진
영화 <아리랑>은 1926년 '조선키네마프로덕션'에서 제작한 영화로 나운규를 영화계의 스타로 만들었어요. 아랫줄 왼쪽에서 세 번째가 나운규예요.

영진의 뒷모습 위로 단성사 악대가 주제곡 '아리랑'을 연주하자 사람들은 나라 빼앗긴 설움에 눈물을 참지 못했던 거예요.

**아리랑 아리랑 아라리요.
아리랑 고개로 넘어간다.
나를 버리고 가시는 임은
십 리도 못 가서 발병난다.**

영화 〈아리랑〉은 순식간에 한반도를 넘어 중국과 연해주까지 알려졌어요.

우리 민족에게 영화 〈아리랑〉은 잃어버린 조국의 모습을 떠올리게 했지요.

영화가 성공하자 나운규는 유명 인사가 되었어요. 조선의 영화를 대표하는 큰 사람이 된 거예요.

① 영화 속 장면   ② 출연배우들(하단 가운데)
③ 영화 포스터   ④ 아리랑신문광고

영화아리랑 스틸사진

단성사의 현재 모습
1907년 서울의 종로 3가에 설립된 상설 영화관인 단성사는 1926년 나운규의 〈아리랑〉을 개봉한 곳이에요. 현재의 단성사는 2005년에 지어진 새 건물이에요.

민족의 한을 그리자

아리랑이 대성공을 거둔 뒤 사람들은 나운규의 다음 영화를 기대했어요.

그만큼 그는 〈아리랑〉을 통해 항일정신과 민족의 울분을 대신해 주었던 거예요.

나운규는 그 뒤로도 민족 정신을 담은 작품을 계속 만들었어요.

〈풍운아〉, 〈들쥐〉, 〈금붕어〉 등이 바로 그것이지요.

당시 나운규는 조선인의 자금으로 조선인만의 영화를 만들고 싶어했어요.

하지만 나라의 재산이 일본인에게 거의 넘어간 탓에 이 일은 실행되기 어려웠지요.

영화 〈들쥐〉의 한 장면
1927년 '조선키네마프로덕션'에서 제작하고 나운규가 원작과 각색을 한 영화예요.

"운규, 우리 힘으로 어떻게 영화사를 만들겠다는 거야?"

"우린 할 수 있어! 일본인들이 주는 돈을 가지고 우리가 어떻게 민족의 참모습을 찍을 수 있단 말인가?"

그를 아끼는 여러 사람들이 말렸지만 나운규는 자신의 생각을 굽히지 않았어요.

1927년 9월, 그는 마침내 조선인의 자금만으로 '나운규 프로덕션'을 세웠어요. 그리고 윤봉춘, 이규설, 신일선 등 일류 배우와 이경손, 홍개명 감독과 함께 〈잘 있거라〉, 〈옥녀〉, 〈사나이〉 등을 찍었지요.

자신의 영화사를 차린 뒤로 나운규는 억압 받는 민족의 한을 더욱 사실적으로 그려 냈어요.

영화 〈잘 있거라〉의 한 장면
1927년 '나운규프로덕션'에서 제작하고 나운규가 감독을 맡은 작품이에요.

'나운규프로덕션'의 실패와 죽음

'나운규프로덕션'을 꾸려 나가던 나운규는 얼마 못 가서 완전히 파산했어요.

조선총독부의 잦은 검열도 문제였지만 무엇보다 관객들이 그의 새 영화를 〈아리랑〉만큼 좋아하지 않았기 때문이었어요.

그는 거듭된 실패에 힘을 잃고 말았어요.

더구나 그때 나운규는 당시의 의술로는 고칠 수 없는 폐결핵을 앓고 있었지요.

영화 〈사랑을 찾아서〉의 한 장면
영화 〈사랑을 찾아서〉는 원래 〈두만강을 건너서〉라는 제목으로 만들었어요. 하지만 영화 제목이 조선 사람들의 불만을 상징한다고 하여 검열에서 논란을 빚다가 제목을 〈사랑을 찾아서〉로 바꾸었다고 해요.

하지만 이런 어려움 속에서도 그는 한국 영화사에 길이 남을 작품들에 출연했고 감독도 했어요.

〈임자 없는 나룻배〉, 〈벙어리 삼룡〉, 〈오몽녀〉가 당시 그가 연출하고 출연한 작품들이에요.

이 작품들은 예술성 짙은 문학 작품을 영화로 만든 것이어서 한국 영화의 수준을 한층 높여 주었어요.

하지만 그의 생명은 점점 시들어 가고 있었어요.

1937년 여름, 나운규의 몸과 마음은 회복할 수 없을 만큼 망가져 있었어요.

결국 준비하고 있던 영화 〈황무지〉의 대본을 완성하지 못한 채 35세의 아까운 나이로 죽음을 맞이했답니다.

영화 〈임자 없는 나룻배〉의 기념사진
영화 〈임자 없는 나룻배〉는 1932년 '유신키네마'가 만든 영화로 나운규는 이 영화에서 주인공인 뱃사공 역을 맡았어요. 영화는 관객들의 큰 호응을 얻었고, 흥행에 성공을 했어요.

나운규의 고개

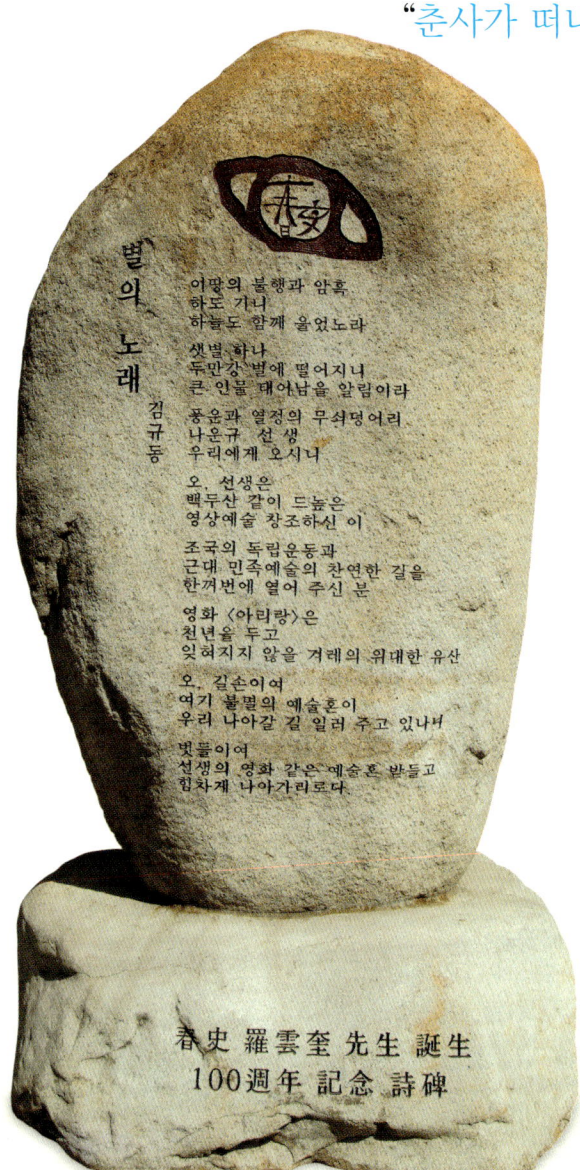

춘사 나운규의 탄생 100주년을 기념하는 시비
한국 영화사에 있어서 신화적 인물인 나운규의 탄생 100주년을 맞아 나운규의 영화 정신을 기리기 위해 2002년에 세워진 기념 시비예요.

1937년, 한여름의 비를 맞으며 나운규의 장례식이 치러졌어요.

우리나라 최초의 '영화인 장'이었어요.

"춘사가 떠나면 우리 영화도 반은 죽은 거나 다름없어."

"참 열심히 살았던 사람이야. 영화인이기 전에 민족의 울분을 대변하는 애국자이기도 했지."

그곳에 모인 영화인들은 그를 그리워하며 마지막 작별의 인사를 나누었어요.

영화 천재 나운규는 살아 있는 동안 모두 27편의 영화에 출연하거나 연출을 맡았어요.

그는 영화를 만들고 출연하면서 단 한순간도 민족과 나라를 생각하지 않은 적이 없었어요.

영원히 식지 않는 민족정신의 대변인 나운규. 그의 영화는 영원히 우리 민족의 가슴속에 남아 민족과 자유의 숭고한 의미를 생각하게 해 준답니다.

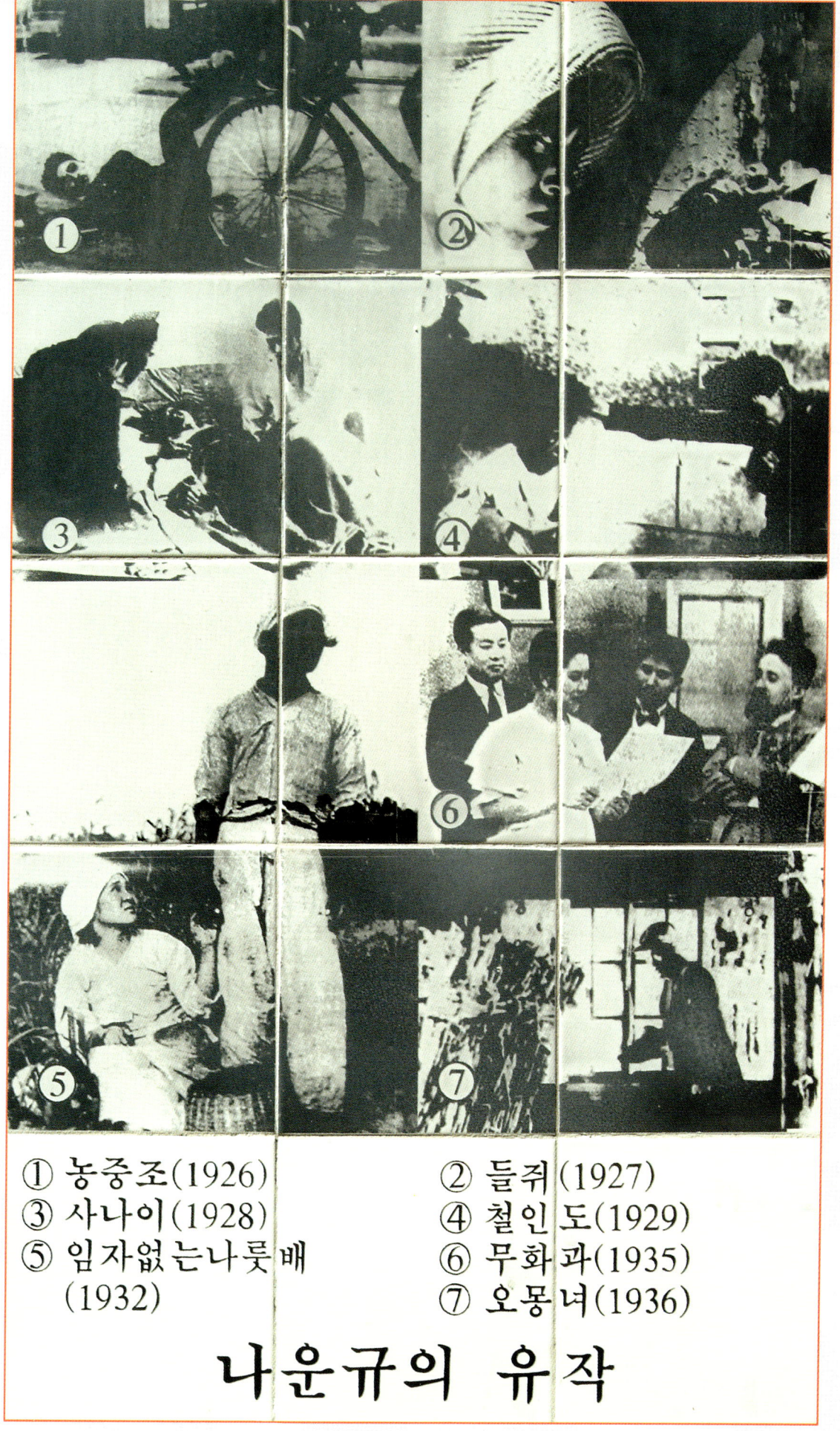

남겨진 이야기

■ 한국 영화의 시작은 언제일까요?

외국인이 영화를 들고 들어온 시기는 1899년이었어요.

그러나 정작 우리의 손으로 영화가 만들어진 것은 이보다 20년 후인 1919년이었어요.

단성사 경영주 박승필과 우리나라 최초의 영화 감독 김도산은 무척 친한 사이였어요.

두 사람은 항상 한국 영화가 없는 현실에 불만을 가지고 있었지요.

그래서 박승필이 제작비를 대고 김도산이 감독을 맡아 당시에 유행이던 연쇄활동사진극인 〈의리적 구토(의리적 구투)〉라는 작품을 만들었어요.

연쇄활동사진극이란 연극 무대에서는 도저히 표현할 수 없는 자연 풍경 등을 미리 촬영해 놓고, 무대에서 배우들이 연기할 때 어울리는 필름을 비쳐 주는 것을 말해요.

당시 사람들은 배우가 연극을 하다가 갑자기 움직이는 자연 풍경이 나오면 신기하고 놀라워했어요.

1920년에 이기세가 감독한 〈지기〉라는 작품은 또 하나의 기록을 남긴 작품이에요. 한국인이 처음으로 촬영기사가 되었거든요.

그전까지 대부분의 촬영은 일본인이 담당해서 우리의 정서와는 많이 동떨어져 있었어요.

그러나 이런 영화들은 본격적인 영화라기보다 무성영화 전 단계에서 신파극을 돋보이게 했던 작품이었답니다.

서울종합촬영소의 춘사관

■ 나운규, 그 시대의 영화인

- 윤백남 (1888~1954)

윤백남은 한국 최초의 감독 김도산, 단성사 경영주 박승필, 최초의 촬영기사 이필우의 뒤를 이어 영화계에 들어선 감독 겸 작가였어요.

그는 일본 유학 후 보성전문 선생, 매일신보 기자 등을 하다가 신극운동에 뛰어들었어요.

당시 유명한 극장 원각사를 인수해 신극운동을 벌인 것이지요.

그가 영화감독이 되어 만든 첫 작품은 〈월하의 맹서〉란 영화예요.

그 뒤 〈운영전〉을 감독했고 1925년에 '윤백남프로덕션'을 세워 〈심청전〉을 만들었어요.

대한민국이 건국된 뒤에는 공보실장 등을 지내다가 말년에는 서라벌예술대 학장을 지냈어요.

- 이경손 (1903~1976)

이경손은 문학, 연극, 영화를 모두 거친 예술인이었지만 〈숙영낭자전〉, 〈장한몽〉, 〈춘희〉, 〈심청전〉 등을 감독한 영화인으로 가장 잘 알려져 있어요.

그는 나중에 태국으로 건너가 실업가로 활동하는 등 독특한 생애를 살았지요.

이경손은 영화감독으로 활동하면서 〈심청전〉 등의 영화를 통해 민족의식을 깨우쳐 준 애국자였어요.

- 안종화 (1902~1966)

연극 연출가로 신극운동의 개척자예요.

안종화는 무엇보다도 전근대적인 신파극을 현재와 비슷한 신극으로 끌어올리는 데 큰 공을 세웠어요.

그는 또 윤백남과 함께 활동하며 '예림회' 등의 극단을 조직하기도 했어요.

나운규가 배우로 첫발을 내딛게 도와준 사람이기도 하지요.

1902년	1916년	1923년	1926년
10월 27일 함경북도 회령에서 나형권의 셋째 아들로 태어났어요.	조정옥과 결혼을 했어요.	회령에 온 극단 '예림회'에 가입하여 연습생이 되었어요.	〈농중조〉에서 주연을 맡아 호평을 받았으며 〈아리랑〉의 원작을 쓰고, 각색도 했어요.
세계사 주요 사건: 미국의 사업가 앤드류 카네기가 '카네기 재단'을 설립했어요.	아인슈타인이 '일반상대성이론'을 발표했어요.	터키공화국이 수립되었어요.	첫 텔레비전 방송이 영국 런던에서 시작되었어요.

나운규의 생애   1902~1937

▶ **나운규 동상**
경기도 남양주시 서울종합촬영소에 있는 나운규의 동상이에요. 서울종합촬영소는 영화를 찍는 데 필요한 여러 가지 시설을 갖추어 놓은 곳으로 영화가 만들어지는 과정은 물론 미래 영화까지 한눈에 볼 수 있는 전시관이에요.

▶ **단성사의 현재 모습**
1907년 서울의 종로 3가에 설립된 상설 영화관인 단성사는 1926년 나운규의 〈아리랑〉을 개봉한 곳이에요.

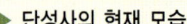

◀ **영화 〈사랑을 찾아서〉의 한 장면**
1928년 4월 25일 조선극장에서 상영한 이 영화는 원래 〈두만강을 넘어서〉라는 제목이었는데 일본을 비난하는 뜻을 담고 있다는 이유로 논란이 계속되자 영화 제목을 〈사랑을 찾아서〉로 바꾸었어요.

▲ **나운규와 윤봉춘이 함께 찍은 모습**
윤봉춘과 나운규는 어릴 때부터 알고 지낸 친구였어요. 그래서 독립군의 비밀조직인 도판부에 함께 들어가 독립운동을 했고 영화 일도 같이 했답니다.